JN411987

윤슬의 푸른 수평선

윤슬의 푸른 수평선

배기환 해양시집

해암

시인의 말

바다를 접하며
단순한 감각적 나열이나
알고리즘을 뛰어넘어
천지사방 시詩의
지독한 비린내와 짠 내를
물씬물씬 풍기는 세상에서
가장 튼튼하고 건강한 바다 하나를
늘 가슴 속에 품어안고
살아가고 싶다

2024, 여름의 초입에

배 기 환

| 서시 |

대양은 크게 출렁거리다

천체를 떠돌며 화산처럼 끓어오르는 태양
망망한 적도로부터 굳게 닫힌 빛의 밸브 열고
그 빛 천지에 흥건히 쏟아 놓으니
현현한 우주 만상은 순식간에 어둠 걷히고
세상은 눈부시며 대양은 크게 출렁거리다

광대하구나 *3억 6천8백만 평방 키로 미터의
몇 겁을 두고도 썩지 않을 염분으로 무장한 그대
신석기와 구석기 천지개벽의 중생대와 백악기 거치며
신성한 쥐라기의 개펄 위에 모사사우루스와
케라토사우루스가 어슬렁어슬렁 춤을 추고

*3천8백여 미터에 이르는 그대 심장 깊숙이
전지전능한 포세이돈 신전을 지어
지구의 공전과 자전 따라 밀물과 썰물로 춤추며
수천수만 종 어군과 해양 생물들을 수태하고
도처에 크고 작은 섬 수없이 사육하다

창창하다 양수가 요동치는 그대 질긴 생명력
가끔씩 수평선 위에 찬란히 무지개 띄우며
때로는 거대한 허리케인과 해일을 데리고
성난 눈길로 대륙을 사납게 물고 뜯으며
오만한 폭군처럼 거칠게 몸부림치다

그렇다 바다는 신비한 어머니의 자궁이다
그 청정한 불멸의 자궁 속에 벽파와 어곽들을 경작하며
고래와 거북, 돌묵상어 고래상어 백상아리 은대구
새치와 다랑어와 날치 등을 사육하는 그 바다는
몇 억 광년 썩지 않을 바로 불멸의 위대한 어머니다

*바다의 넓이와 깊이

| 차례 |

윤슬의 푸른 수평선

| 차례 |

| 차례 |

윤슬의 푸른 수평선

배기환 해양시집

白波가 보인다, 백파!

새벽은 언제나 적도의 수평선에서부터 밝아 왔다.
붉게 도색된 선교船橋의 창밖엔 진한 어둠 걷히고, 샛바람이 불기 시작하면 다랑어를 기다리는 수부들의 한껏 들뜬 가슴속 돛 폭도 흥겨워서 춤을 춘다
그러나 사막 같이 잠잠한 바다에 된바람 불기 시작하면 이내 황천荒天이 몰려오고, 청파로 조타실은 엉망진창이 돼버린다. 상어와 새치와 잡어 떼 들이 갈기갈기 물어뜯은 남태평양, 머지않아 불임의 밭이 될 것이라고 하나 그래도 아직까지는 쓸만한 것 같다

청상아리로 보이는 물체가 기를 쓰며 선미를 졸졸 따라오고 있다. 바다에서 주낙의 그물은 언제나 수부에게 생명줄과도 같은 것이다
집 광력이 뛰어난 대구경 쌍안경에서 눈을 떼지 않던 항해사 갑자기 얼굴이 상기된다

아무래도 백파白波가 몰려오나 보다
그렇다. 순식간에 참다랑어와 가다랑어가 멸치 떼를 좇아 하얀 파도를 일으킨다.

–재빨리 스키트 보트를 띄우고 투망 준비를 해!.–

–모릿줄에 달아 놓은 아릿 줄에 급히 고등어와 오징어 밑밥을 끼워라!.–

몇 날 며칠밤을 허망하게 파도 자락만 건지던 절망의 바다에 갑자기 황금이 나타난 것이다

숱한 쇄파에 가슴만 철썩이다가 갑자기 백파가 나타나니 이제 항적航跡의 짙은 고뇌도 단숨에 물길 속으로 사라진다

윤슬의 푸른 수평선

쿠릴열도 지나 오호츠크 해로 접어들면
멀리 섬처럼 떠 있던 캄차카 반도가 눈앞으로 밀려온다
편동풍을 타고 아열대 북쪽 지류와 아한대 남쪽 지류를
형성 바람도 화석으로 만든다는 북태평양

적요寂寥와 윤슬의 푸른 수평선 헤집고
물속에 빠진 석양이 빨갛게 코피를 쏟았나 보다

몇 모금의 담배가 지독하게 나를 태우며
바다가 서서히 내 몸속으로 밀려드는 동안
물살은 제 살을 뜯어 파도를 만들고 파도는 쉬지 않고
노을을 풀어헤치며 의식과 무의식의 극점에 흩어 놓는다

양탄자처럼 수면 위로 넓게 깔리는 노을
조류 따라 속수무책으로 번져가는장대한 불의 물결이
바람을 타고 고단한 삶의 조타실로 꾸역꾸역 몰려오면
밤마다 어김없이 권태기는 나를 찾아왔다

시간으로 단단히 포박해야 하는 긴 항해의 고충

어둠 속에 잠든 뱃길은 심하게 투정을 부리며 푸념처럼
허우적거리고 다시 어둠 속으로 허물어지곤 하였다

무심코 지나친 질긴 기억들은 유성으로 떠돌며
바다는 오늘 밤에도 심한 흉 울증처럼 거세게 울렁거린다
허공을 향해 몸부림치는 파도 붉은 혀 날름거리며 컹컹
짖고 있다 파도 속에 수장된 기억들이 자맥질을 한다

야간 항해

어둠의 스크루에 휘감긴 밤바다가
불면증처럼 이리저리 몸을 뒤척이며
시시각각 표정을 바꾼다
수심水深이 자주 수심愁心을 불러일으키며
좀처럼 그 속내 드러낼 줄 모르는 바다는
육지의 산과 같이 정상頂上이 없다
오로지 수면 아래 3천8백여 미터의
깊숙이 뿌리내린 아득한 수심만
존재하고 있을 뿐이다

지구의 공전과 자전따라 뚜렷하게
성좌星座들만떠 있는 캄캄한 어둠 속에
칼날같이 덤비는 하얀 파도 타고
끝이 보이지 않는 뱃길을 쉬지 않고 달린다
260 헥토 파스칼의 거친 해일이 휩쓸고 간
아직도 미명의 밤바다는 마파람에
물결과 물결 사이에서 피어나는 물안개와
오롯이 젖어오는 끈적끈적한 외로움뿐이다

불현듯 뭍에 대한 그리움이 몰려오기 시작한다
내비게이션 라이트를 깜박깜박 점멸하며
눈가에 묻어오는 졸음을 툭툭 털어 내고
바다 위에 잠든 바다를 깨운다
언젠가는 이 배도 결국 파도 위에 쓰러지겠지
그리고 그의 영혼은 파도의 들숨과
날숨을 헤치며 오대양 육대주를 원 없이
둥둥 떠다니는 부표가 되고 싶겠지

샤크 콜러

거세게 항변하는 파도의 멱살을 붙잡고 육중한 바다의 이목구비 열며 소라의 나팔을 분다.
강인한 바다의 영혼이여 나에게로 오라!
짙은 해무 속에 야적되어있는 섬을 밀치고 샤스핀을 얻기 위해 파푸아 뉴기니아의 에메랄드 빛 바다를 조련하며 바다의 제왕, 바다의 하이에나를 찾아가는 함성이 쩌렁쩌렁하다

번번이 파도의 빗장걸이에 걸려 넘어지면서도 격정으로 춤추는 파도가 좋아, 그 파도 속에 청상아리나 고래상어, 두 톱상어, 불범 상어, 미 흑점 상어, 흑기흉 상어, 백상아리, 뱀상어, 청새리, 두첨상어, 홍살귀상어, 귀상어, 강남상어, 환도상어, 악상어, 무태상어 등
수 백 종에 이르는 상어들을 좇아 바다로 나간다
상어 중에서도 악명 높기로는 단연 백상아리와 뱀상어 귀상어와 홍살귀 상어인데 그들이 나타나기라도 하면 바다는 일순간 쥐 죽은 듯 조용해지고 작살은 긴장을 풀지 못한다

좀처럼 속내 드러내지 않는 바다를 토벌하기 위해
시시각각 표정을 바꾸는 파도와 해일의 난해한 문장들을 하나하나 해독하며 쉬지 않고 바다와 육탄전을 벌인다
카누를 저으며 험난한 바다와 끝까지 승부를 벌이는 샤크 콜러*들의 고된 삶이란 어차피 죽음을 담보한 모험이 아닐 수 없다

*파푸아 뉴기니아의 상어잡이,
그들은 상어의 영혼을 가진 자만이 상어를 잡을 수 있다고 믿고 있다.

어군도魚群圖

광부는 산을 파먹고
어부는 바다 뜯어먹으며 산다
만선의 꿈을 실은 선수船首가 화살처럼 물살을 가르며
바다의 노다지를 찾아 뭍을 떠난 지 벌써 몇 날밤
수부들이 고기를 잡는 일은 바다에서 황금을 캐는 것
황금 어족들이 모여 사는 동네가 어딜까

광부가 광맥을 찾듯 초사는 둘둘 말아둔
어군도를 펼치며 어맥漁脈을 찾아 동분서주한다.
그러나 기다리는 어군魚群들은 좀처럼
그의 모습을 쉽게 드러내려고 하지 않는다.

잔뜩 찌푸린 하늘의 눈빛, 바다는 온통
칠흑 같은 어둠뿐이고 어쩐지 오늘따라 뱃길이
심하게 절룩거리며 수심 깊숙이 촉수를 꽂고 더듬는
어군탐지기의 모니터도 희미하다

어부들의 몸속에 들어있는 바다에서 풍랑이 일고
수심愁心가득한 가족들의 얼굴만 물결 위에 명멸한다
오늘도 텅 빈 어창魚艙엔 허망한 파도 자락만 싣고
뭍으로 그냥 귀항해야 한단 말인가
광부가 남길 유산은 돌덩이뿐이고
어부가 남길 유산은 파도뿐일까

자동항법장치

바다가 어둠으로 박제되고 있는 동안 선장 등에 불 들면 파도에 저항하던 트롤선에서 흘러나오는 주홍빛 노래가 수부의 어깨를 들썩이게 하고 바람은 달빛을 걷어차며 뱃길을 마구 흔든다

두둥실 수평선을 통과하는 활짝 웃는 상현달
달빛은 어둠의 날개를 하나하나 자르며 잠시 잠들었던 파도의 선잠을 깨우고 어둠 속의 파도는 하얗게 피를 토하면서도 쉬지 않고 물 위에 그의 모종을 부으며 어김없이 수평선을 뛰어넘는다

직선으로 팽팽하게 당겨지는 수평선의 빗금
해와 달이 그 선을 무사히 통과하지 못하면 바다는 검은 담즙처럼 순식간에 흑해를 이루며 거친 삶의 곡선처럼 시시각각 격파가 되어 캄캄한 어둠으로 질벅거리고 만다

우리 삶도 안전하게 자동항법장치를 해야 할까
바람은 발길질로 어둠은 끌어당기며 수평선의 경계 안과 경계 밖을 맴돌고 삶과도 같은 물이랑 속을 흐느끼는 파도가 자동 항법장치에 의해 쉬지 않고 움직인다

갑판장 박씨

만선의 꿈을 안고 북양으로 떠나온 뒤
그의 아내가 집을 나간 것이 아니라, 집이 아내를 나간 것이라며 한동안 일손 놓고 잔뜩 독 오른 상어처럼 죄 없는 바다 달달 볶던 갑판장 박영국 씨, 결국 그 분통 참다못해 그만 조기 귀국하고 말았다

귀국 뒤 뭍에서 들려오는 소문에 의하면 술로 세월 보내며 그러다 생목숨 잃을까 걱정된다는 소식 자자하더니, 하선 한지 불과 일 년도 되지 않던 어느 날 갑판장 박영국 씨, 이정표도 없는 바닷길 단숨에 달려와 그동안 아무 일 없었다는 듯 예전처럼 묵묵히 조업에 열중한다

"아내 박차고 나간 집구석 어느 놈의 품에 안겨 있더냐.?"
"그놈 잡아 모가지 확 비틀어 놓았느냐, 아니면 두 번 다시 바깥출입 못하게 큼직한 아파트로 바꿔 아내에게 매달아 두었느냐?"
온갖 농담에도 눈 하나 꿈쩍 않는 박 갑판장,
단 하루도 물 떠나선 살 수 없어 물속으로 다시 돌아왔단다

그는 이제 아내가 집을 나갔건, 집이 아내를 나갔건 상관하지 않고 노을 속에 알몸으로 몸부림치는 저 바다 계집처럼 가슴에 꼭꼭 품어 안고 달과 별과 내통하며 바다에서 살다 바다에 뼈 묻을 것이란다. 그렇다, 잠시도 물 떠나서 살 수 없는 것이 알고 보면 바로 뱃놈들이다

청새리 상어

파도를 가르는 거대한 물체 하나
지상의 늑대가 바다로 뛰어든 것일까
갑자기 바다가 흉기를 휘두르는 것 같다
그렇지, 등지느러미가 작은 걸 보니
아무래도 청새리상어*같다

청상아리와 이름도 생김새도 흡사하다는
청새리상어, 따뜻한 온대에서나 볼 수 있는
그놈들이 꽁꽁 언 겨울바다에 나타난 것을 보니
아무래도 산란기가 돌아왔나 보다

잠잠하다가도 산란기만 되면
폭군처럼 난폭해지는 저 고기떼들
순식간에 사방은 어둠이 에워싸고
광기狂氣의 파도가 밀려오는 바다는
상어처럼 씩씩거리며 몹시 거칠어진다.

항로가 심하게 구겨지고 해일이 밀려온다.
갑자기 선장 등에 불이 나가고 패전 투수처럼
몹시 지칠 대로 지쳐 버린 선체,
항해사는 어디론가 다급히 sos를 친다.
안전하게 대피할 피항지를 찾나 보다

*참 상어科에 속한 몸길이 6m가랑의 바닷물고기

돌고래

바다 한가운데 돌고래 무리들이
펄쩍펄쩍 점프를 하며 공중으로 날아오른다

이 야심한 밤에 갑자기 돌고래 떼라니, 아 그렇구나!
그들 눈에는 하늘에 걸려 있는 둥실한 저 보름달이 아마 농구공으로 보인 게로구나
동물원에서 공을 굴리듯 저 보름달을 따 이리저리 또 재주를 부릴 모양이구나

야간 항해를 하다 보면 가끔씩 돌고래들이 떼를 지어 몰려다니며 하늘로 펄쩍펄쩍 뛰어올랐다가 다시 물속으로 잠수하는 광경을 자주 목격할 수 있는데,

그럴 때는 틀림없이 구름 한 점 없는 휘영청 달 밝은 밤이거나 둥근 보름달이 물속에 첨벙 빠져있을 때라고 보면 된다

둥실한 보름달이 그들에게는 둥근 공으로 보였을 것이라고 생각하면 된다.

바다에 뜬 달은 비단 돌고래들 뿐 아니라
사람의 마음도 한 번씩 홀려 놓을 때가 있다

갈매기

파도의 작살을 맞아보지 않고 함부로
바다가 이렇다 저렇다 말하지들 마라
지친 날개로 끊임없이 물 위를 비행하는
저 갈매기들은 유능한 바다의 감식가鑑識家들이다

태풍이 올거나 해일이 올거나
아니면 비가 올려나 눈이 올려나
이를 귀신같이 알아차리는 것도 알고 보면
바다의 감식가인 바로 저 갈매기들이다

바람 한 점 없던 맑고 평화로운
바다의 정글 속에 갑자기 비릿한 피 냄새가
코를 진동하기 시작하면 지상의 독수리들처럼
사방에서 끼룩끼룩 갈매기들이 떼를 지어 몰려들고
바다는 순식간에 피로 물든다

물고 물리는 약육강식弱肉强食의 바다에
한바탕 살벌한 전투가 벌어진 것이다
3000개의 톱날을 가졌다는 백상아리 어금니,
천하무적의 그 백상아리가 잠잠한 바다
사정없이 또 물고 뜯어 놓은 것이다

황로荒路

음모陰謀가 숨어 있는 먹구름 한 떼 초병처럼 선장船檣 위로 스읏 스쳐 지나고 바다의 횡격막을 누가 건드린 것일까 바다가 심하게 딸꾹질을 한다

미친 들개처럼 덤비는 저 바람 속엔 필시 악천후의 바이러스가 도사리고 있을 것이다
언제나 바다의 분노는 심술궂은 바람으로부터 시작된다
웅담을 노리는 포수가 곰을 약 올리듯 바다를 약 올리며
부아를 돋우는 것은 노을이 아니라 언제나 북상하는 바람이었다

파도가 바락바락 악을 쓰며 언제 또 이 배의 옆구리를 무참하게 공격해 올지 모른다 감히 해적들도 덤비지 못한다는 북위 30° 몰 티브 해를 지나는 거친 뱃길,
데이노니쿠스*의 발톱처럼 포효咆哮하는 잔뜩 독 오른 파도가 앙칼지게 항로를 마구 구긴다

풍해가 생산해 내고 있는 백파는 마치 수백 마리 돌고래
떼가 춤을 추는 것 같다
해일이 어둠을 갉아먹으며 선체를 사납게 물고 뜯는다.
밤안개 속으로 서서히 다가오는 공포감, 뱃길이 심하게
딸꾹질을 한다.

*데이노니쿠스:

장보고

우람하고 광활한 저 바다 호령했던 해상왕,
무예와 지략 뛰어나 당唐에서 내린 벼슬까지 마다하며 교관선 몰고 한 생애를 해상 실크로드 개척과 해적 토벌에 몸 바치니 중국의 마삼보*인들 어찌 궁파* 그대가 쌓은 업적에 비교될 것인가
그로부터 1천2백 년 후
나는 동백꽃처럼 석양이 불타는 옛 청해진 장도의 후박나무 그늘에 앉아 세계로 향하는 뱃길을 활짝 열었던 당신의 혼 만나는 오늘,
그대가 다스리며 통치했던 바다는 예나 지금이나 심한 바람 없으면 평온하나 자주 약탈을 일삼는 중국 해적선에 의해 어장을 노략질당하고 있다
주홍빛 노을을 입에 물고 있는 파도
간헐적으로 수평선 넘어오는 바람의 악보가 대양의 심금을 울리며 갈매기 무리 지어 비상하는 숨찬 파도의 너울 속에 바다의 실크로드가 뚫리고
행여 영해를 침범하며 바다를 훔칠 해적선들이 나타나지 않을까 두 눈 부릅뜨며 작살을 겨눈다

장보고 장군! 지금 여기는 아직도 그대의 넋이 생생하게
살아있는 청해진이다

*궁파- 장보고의 아명
*마삼보- 중국의 장보고라 불리는 정화 장군의 아명

싱가포르 항

차터 베이스 문제로 잠시 정박한 싱가포르항에서 삭을 풀고 선제를 거두며 닻을 올린다 수에즈 운하 개통이래 해양 물동량 동남아 최고를 자랑한다는 싱가포르항에도 황혼이 깃든다

수평선 등 뒤로 쏟아붓는 저 노을은 새벽이 되면 일출이 되어 눈부시게 다시 돌아오겠지
오늘따라 파도의 엉덩이가 왜 저리도 아름다울까
격렬한 달빛을 뜯어 문 파도가 우우우 소리 지르며 메밀 꽃처럼 하얗게 선수루로 튀어 오른다

선장 등에 불 밝히며 아름다운 싱가포르항을 떠나 어둠으로 평정된 거친 항로 따라 선수는 수정처럼 맑은 에메랄드 빛 바닷속에 수백 종의 어곽魚藿들이 춤추는 남지나해로 곧장 향한다

아덴만

겹겹으로 쌓인 수평선의 어둠 쓸어내고
찬란히 떠오르는 동녘의 저 태양
어둠이 비켜간 레이더의 모니터 속엔
질긴 수면水面의 잠을 깨우는 날카로운
파도의 사금파리들이 춤을 춘다

악명 높은 소말리아 해적들이 판을 친다는
여기는 공포의 카라 비아 해 아덴만*이다
밤새 사납게 삿대질을 하던 바람도
어쩐지 여기서는 잔뜩 겁먹은 것일까
순간 숨을 죽이며 주위를 살핀다

홍해를 지나**뭄바이로 향하는 뱃길은
언제나 가슴을 졸이게 한다
밤새 징징거리던 파도에 시달린 선체,
태양의 막을 찢고 쏟아지는 햇살에
간신히 생기를 되찾는다

멀리 스코트라 섬이 희미하게 보이는구나
어차피 삶이란 서로 빼앗고 빼앗기는 것이지만
어딘가에 또 탈취와 약탈을 노리는 그들이
아득히 펄럭이는 돛 폭 뒤에 숨어
우리를 노려보고 있을지도 모른다

*소말리아 해역
*서 인도에 인접한 항구

격랑을 헤치며

소라 빛 꿈과 설렘으로 살아가는 10노트의 삶
우리네 삶이란 해원에 던져진 바람과도 같은 것,
도깨날 같이 덤비는 파도의 사선 위에 끊임없이 부유하는 백파의 지느러미가 선미船尾를 졸졸 따라다니며 흐느끼고 있다

조타실에 앉아 바다의 경전經典을 읽는다
격랑을 헤치며 바다로 나서면 언제나 바람의 제단 앞에 무릎 꿇고 경배하며 헝클어진 삶의 그물을 다시 간추리고 해무에 젖은 시간들을 꺼내 말린다.

수부水夫들의 가슴 뭉클한 불확실한 시간들
바다의 패러독스는 황량한 사막과도 같다 어둠 속에 꿈틀거리던 바람도 잠시 유폐되고 조업에 지친 피로가 바다의 불을 끄며 조용히 그리고 편하게 잠들 시간이다

캄차카 海

이리저리 몸을 뒤척이며 하루에도 몇 번씩
본래의 제 모습을 바꾸는 캄차카 해안
파도의 폭력은 너무 위선적이야
립스틱을 바른 듯한 갈매기의 붉은 입술
그 날카로운 부리가 완강하게 버티는
정오의 따가운 햇살을 콕콕 쪼아 먹는다

고래의 뱃속과도 같은 적막한 조타실
해도海圖를 펼치고 바다를 토벌하는
수부의 거친 삶이란 아직도 몇 번이나
생과 사의 고비를 넘겨야 할지 모른다
넓은 바다 어딘가에 살고 있을 황금 고래,
밤마다 황금 고래를 찾아 포경선을 타고
나는 작살을 던지는 꿈을 꾼다

그러나 좀처럼 황금 고래는 보이지 않는다
여기저기 거쳐 온 항구의 추억들을 펄럭거리며
구겨진 바다를 다림질하듯 달리는 선상엔

날뛰던 바람도 모처럼 깊이 잠들고
비구상의 수평선을 끌어안고 너울대는
파도의 울음소리만 징징거린다

비금도

파도의 하얀 속살이 살풀이로 일어선다
고독과 고립의 공간인 바람과 파도가 계류되어 있는 쥐똥나무 우거진 섬, 광활한 바닷속에 버티고 있는 저 섬은 비록 크기는 작지만 그래도 또 하나의 뭍이고 소우주다.
미역 줄기처럼 질기게 살아온 섬사람들은 파도와 바람으로 시간과 하루하루의 일상을 빚고 김과 미역과 소금으로 삶의 역사를 짭짤하게 조리며 살아간다.
물때 맞춰 평생을 물질로 살아온 삶이었기에 무엇보다 갯바람을 쐬어야 몸이 성하고 해초를 뜯고 꼬막이나 바지락을 캐야 사는 보람을 느낄 수 있는 것이 바로 섬사람들의 생태다

고래

바닷속의 대식가 고래는 대왕고래, 긴 수염고래
혹등고래, 귀신고래, 향고래, 범고래, 더스키 고래, 참돌고래
흑범고래, 밍크고래 등 그 크기와 종류들도 다양하다

돌고래 종류만도 한두 가지가 아니라
얼룩 돌고래, 안락 돌고래, 참돌고래, 일각돌고래 등인데
돌고래는 반경 2킬로 미터 내의 모든 음파를 정확하게
탐지할 수 있을 정도로 후각과 지능이 발달하여
바다 속이나 겉에서 재주도 잘 부릴 뿐만 아니라

그들의 사냥 법은 몰이식이라 멸치 떼나
정어리 떼의 먹잇감이 나타나면 공중으로 날아다니며
먹잇감들을 한구석으로 몰아놓고 정확하게 사냥을 한다

고래 중에서도 흰 긴 수염고래라고 불리는 대왕고래는
몸의 크기가 작은 섬만 하여 그의 내장 속에 사람이
수영을 할 수 있을 정도이며 하루에 먹어 치우는 먹이만도
수십 톤에 이른다고 하니 대왕고래가 수면 위로 떠오르면

갑자기 대형 잠수함이나 낯선 섬 하나가 나타났다고
착각할 정도란다

우리나라 연근해에는 주로 돌고래 종류나
밍크고래와 같은 몸집이 작은 고래들이 서식하고 있다는데
그러나 때로는 귀신고래 참고래 향고래 혹등고래와 같이
몸집이 큰 대형 고래들도 먹이를 찾아 대한해협을 통과하며
동해로 이동하는 모습을 자주 목격할 수 있단다

만선의 꿈

한때 북 태평양 거친 바다 파먹고 살다
잠시 바다에서 퇴출당하고 선원 모집광고 좇아
중앙동과 남포동 그리고 충무동 골목길 돌아다닐 때
출출해진 시장기에 몹시 술이 고파오던 어느 날
그날따라 왜 그리도 먼 바다가 그립던지

주머니 속에 남아있는 돈이라곤 달랑 일금 오천 원
참치 한 캔에 소주 두 병 사들고 용두산을 오른다
바다가 그리우면 바다로 나가면 될 일이지
왜 산이냐 하겠지만 산에 가면 바다를 마음껏
조망할 수 있기 때문이다

산에 올라 넓고 푸른 바다 투망 하며 참치 캔을 툭 따니
갑자기 캔 속에서 원양 바다가 툭 튀어나왔다
참치 잡던 그 원양 바다가 쏟아져 나온 것이다
서둘러 스키프 보트*를 띄워 그물을 치고 모릿 줄에
아릿 줄*을 달아 오징어와 고등어 밑밥을 번갈아 끼웠다

황다랑어 눈다랑어 닥치는 대로 막 끌어올리며
텅텅 빈 마음의 어창에 바다를 꽉꽉 채워 넣었다
파도를 헤치며 정신없이 그물을 끌어올린 것이다
그날 나는 모처럼 만선의 깃발처럼 만취滿醉의
돛을 펄럭이며 비틀비틀 집으로 귀항했다

*母船과 그물로 큰 원을 그리며 어군을 포위하는 작은 배
*모릿 줄에 다는 수천 개의 낚시 줄

격렬비열도

하얀 파도의 휘파람 소리가 동안거冬安居중인 수평선을 허물고 대양의 심금을 울린다 푸른 삶의 천해天海에 부유하는 별처럼 수부水夫는 바다 떠돌며 바다를 토벌하고 바다를 파 먹고 산다

새가 대열을 지어 나는 모습을 닮았다고 하는 서해 바다 맨 끝자락에 자리 잡은 후박나무 우거진 격렬비열도, 사람이 살지 않는 그 섬을 지나야 싱싱한 농어와 참조기 떼들을 만날 수 있다

보망補網된 그물 간추리며 파도의 멱살을 붙잡고 바다의 오장육부까지 뒤적거리며 지금 배가 그리고 있는 항적航跡은 조기 떼를 찾아 나선 살비듬 같은 파도 속의 격렬비렬도 가 있는 서해 바다다

고기 상자

어창魚艙에 쌓여 있던 저 고기 상자들
소금기에 절은 몸 일광욕을 즐기려는 것일까
아니면 백주 대낮에 무슨 시위라도 하려는 것일까
갑판 위에 층층이 나앉아 있구나

삼림森林속 홍송紅松으로 세상에 태어나
고대광실 기둥이 되거나 어느 암자의 대들보나
서까래가 되었더라면 지금쯤 아름다운 단청丹靑
곱게 입고 경배받으며 살고 있을 터인데

어쩌다 평생을 물고기의 날카로운 꼬리와
지느러미에 몸 베이며 거친 파도 타고 살아야 되는
천민 신분이 되고 말았을까, 그렇다
뜻대로 되지 않는 것이 세상사 아니던가

허구한 날 바람처럼 바다 떠돌며 비릿한
짠물에 삶을 절이고 그물이나 던지며 살아가는
이 어부 신세 또한 저들과 무엇이 다르랴
그래도 한때는 저들도 풍어의 전성기 누리며

배불리 고기 퍼 담던 시절이 있었는데
이제는 PVC로 만든 고기상자에 설자리 빼앗기고
심한 궁기 견디다 못해 저처럼 갑판 위에 나앉아
파업투쟁이라도 벌일 모양이구나

동진호 기관사

동진호 정창석 기관사 삶의 첫 삽질은 일찍이 바다로부터 시작되었다 바다의 손에 이끌려 바다로 나가 바다를 경작하며 기관사로 살아온 지 벌써 30년,
나부끼는 파랑에 자주 빛 꿈 띄우며 언제나 벅찬 가슴으로 파도 위에 삶의 항적航跡을 그렸다

바다는 바다를 다루어 본 자만이 그 속성과 생태를 알 수 있다지만 그러나 평소 그는 바다의 깊은 속성을 일일이 다 헤아리지 못한다고 한다. 바다의 뚜껑을 열고 바다에 뛰어들 때마다 가슴이 설레는 까닭도 따지고 보면 바로 그 때문이리라

뒤웅박 부표처럼 오대양을 둥둥 떠다닌 그의 젊음,
그동안 바다의 유민流民으로 살아오며 바다에 진 빚도 제대로 다 갚지 못하고 이제 이번 항차航次를 마치면 고령이 된 그에게 바다는 하선을 강요하게 될지도 모른다.

갑판 위에 계류된 파도처럼 살아온 그의 삶의 지난 기억들이 주마등처럼 스쳐 지나갈 것이다.
오늘따라 대양은 쥐 죽은 듯 조용하다 이제 곧 그가 그의 삶의 터전이고 그의 젊음을 바친 저 바다를 떠나더라도 결코 그가 바다를 멀리 한 것이 아니라 바다가 그를 썰물처럼 뭍으로 밀어낸 것이라고 한다

海, 테러리스트

누가 나를 상징과 이미지가 함몰된
안개 바다에 가두어 두려는 것일까
중력을 잃어버린 달빛과 핏기 잃은 별들이
바다의 통발 속으로 추락한다

수억 년 동안 진화를 거부하고
가미가제 특공대처럼 육탄전으로
바다를 공격하는 난폭한 저 바람은
바로 바다의 파괴를 노리는 테러리스트

안개와 어둠의 통발 속에 바다가 구금되고
그 바다의 형틀 속에 바람이 감금되고
파도의 나체들이 나뒹구는 그 바람 속에
나는 꼼짝없이 인질로 묶여 있다

신천옹信天翁

앨버트로스!
집어등을 켠다 네 잠자는 모습을 보려고 너의 깃털이
수북이 쌓여 있을 저 수평선 넘어 안락한 침상 위엔 초롱
초롱한 네 눈빛과 야성에 빛나는 너의 붉은 입술과 하얀
살결이 안개에 젖어 있겠구나

앨버트로스!
그 넓은 날개를 한번 펼쳐 보렴. 사랑의 아픔이 내장된
네 몸 둥지 속으로 세차게 꽃대 밀어 올리던 연어 한 마리
아직도 날렵한 꼬리와 지느러미를 흔들며 네 몸속 깊은
곳을 계속 유영하고 있겠지.

앨버트로스!
고독한 너의 날개 짓이 이미 난파된 사랑과는 아무런
상관관계가 없다지만 네 발자국이 선명하게 찍힌 저 수평
선에 걸린 집어등에 좀처럼 꺼지지 않을 불을 켜고 우리
사랑의 알리바이를 다시 만들자

海, 사막

태양의 붉은 살점들이 둥둥 떠다니고
파란 담즙이 분비되는 사막 같은 바다엔
바다가 안고 살아가는 그들만의 생태와
그들만의 세계가 지도처럼 그려진다

노을을 걷어낸 수평선 너머로 여울지는
익명의 기억들이 어둠 속으로 사라지면
바람과 파도소리를 먹고 살아가는 섬들도
서서히 그의 모습을 감추고 만다

밤바다는 어둠이 저벅저벅 한 사막과 같다
지평선 대신 수평선이 있는 광활한 사막이다
그 사막 한가운데 계류된 고단한 뱃길이
달빛을 끌어당기며 청정하게 일렁인다

펑펑한 어둠의 언덕을 넘는 눅진한 파도는
피로에 지쳐 또 나이테 하나를 새기며
등대가 빤히 쳐다보고 있는 풍경 속으로
지친 낙타의 발굽소리처럼 밀려온다

海, 장자莊子

남쪽 바다를 다스리는 제왕을 숙儵이라하고 북쪽 바다를 다스리는 제왕을 홀忽이라 하며 중앙을 다스리는 제왕을 혼돈渾沌이라 하였다. 어느 날 숙과 홀이 혼돈의 땅에서 만나 그의 융숭한 대접을 받게 되자 혼돈이 베푼 덕에 은혜할 방법을 찾다가 사람은 모두 일곱 개의 구멍이 있어 보고, 듣고, 먹고, 싸고, 숨 쉬는데 유독 혼돈만 그 구멍이 없으니 '숙'과 '홀'이 그 구멍을 뚫어 주기로 하였다. 그리하여 하루에 구멍 하나씩을 뚫어 가는데 칠 일째가 되던 날 그만 혼돈이 죽고 말았다.

『장자』內篇 중에서

여보시오 장자!,

그대의 말은 전부 거짓말이오 남쪽 바다 북쪽 바다 할 것 없이 오대양과 육대주 그 어디를 다녀보아도 도무지 '숙'이나 '혼돈' 을 만날 수가 없소

그대 말처럼 동서남북 바다를 다스리는 제왕은 '숙' 과 '홀' 과 '혼돈' 이 아니라 하늘에 떠다니는 바로 저 해와 달인 듯하오

그리고 실질적으로 바다를 통치하고 바다를 좌지우지 하는 것은 아무래도 바람인 것 같소 사람은 본시 일곱 개의 구멍으로 살아가는 것이 아니라 구규九竅, 즉 아홉

개의 구멍으로 살아가고 있소
그러니 장자 당신의 말은 전부 엉터리요
오, 포세이돈 신이시여!
거짓말쟁이 저 장자를 다시는 이바다에 나타나지 못하
도록 멀리 내치소서

두성호*

생각의 크기가 실존의 크기로 실현될 수 있을까
산유국의 부푼 꿈과 희망의 단단한 철판으로 건조된
괴물처럼 생긴 시추선 두성호 대륙붕에 둥둥 띄우고
밤낮 쉴 새 없이 쾅쾅쾅 탐사 봉을 박는다

그러나 바다의 막장까지 침봉을 두드려 박으며
세차게 빨아올려도 기다리는 유전油田은 좀처럼
그 정체를 드러낼 줄 모르고 물결 위엔
소금기에 간절인 처량한 달빛만 얼른거린다

바다의 도전에 대한 해신海神의 분노일까
사납게 몸을 비틀며 잠들지 못하는 망망대해,
해일의 거친 숨소리가 가끔씩 회오리바람을 데리고
수없이 떠다니는 별들을 따 먹으며 파도는
갈매기처럼 밤새도록 끼룩끼룩 울부짖고 있다

천년을 퍼내어도 마르지 않을 유전油田 찾아
바다의 심장을 꼼꼼하게 더듬는 석유시추선 두성호,

끝없는 도전과 간절한 기다림에 속이 막 타는지
고요 속에 파묻혀 있는 청정한 물결을 가르며
거대한 불꽃만 계속 뿜어 올린다

*우리나라 최초의 석유시추선

바다의 조련사

묵직한 바리톤의 음성으로 뱃고동 울리며 빨간 깃발 치켜든 투우사의 날렵한 몸짓처럼 나는 바다를 이리저리 길들이는 유능한 조련사가 되고 싶었다.

비록, 내 삶이 남극과 북극의 꽁꽁 얼어붙은 빙해에서 빙벽의 크레바스가 될지라도 생의 조타키를 단단히 잡고 지평선을 향하여 사막을 걷는 낙타처럼 오대양 바다 누비고 다니는 바다의 조련사가 되고 싶었다

해양의 지도를 달달 외우며 밀물과 썰물의 장벽을 헤치고 바람과 파도와 해일과 안개를 마음대로 조정하며 바다를 길들이는 유능한 조련사가 되고 싶었다

안개의 항로

바다는 잘 포장된 차선 없는 고속도로다
사납게 몰아치는 바람과 안개의 바리케이드가
가끔씩 길을 가로막고 시비를 걸기도 하지만
바다는 물이 빚어낸 또 하나의 완벽한 도로다

'산타마리아호' 와 '빅토리아호' 가 최초로 길을 열었던
끝이 보이지 않는 무한질주의 수상 항로航路
맨발의 바람 속에 짜디짠 희망과 절망이 교차되는
콜럼버스의 마젤란이 최초로 길을 연 저 망망한 뱃길

헐거워진 생의 바퀴를 단단히 조이며 해와 달빛만이
유일한 가로등인 순결한 안갯 속에 뚫려있는 그 길은
고단한 삶의 경적처럼 한 번씩 파도가 우우우 하고
울기도 하지만 그러나 그 길은 왜 이정표가 없을까

잠수

경건한 바다의 뚜껑을 열고 쑥물 어둠 풀어놓은 공명公冥의 장막을 넘어서면 부드러운 속살로 나를 품어 안는 아름다운 해초들의 공화국이 나타난다

낯선 침입자의 노크에 잠을 깬 적막한 물의 둔덕에는 바다 생명들의 튼튼한 숨소리가 음악처럼 들려오고 산호들의 눈빛이 토하는 빛의 향기에 눈이 부신다

우리도 가슴 밑바닥까지 끼어 있는 사악한 욕망의 이끼들을 모두 긁어내고 저마다의 가슴속에 영혼이 맑은 바다 하나씩을 품어 안고 살아갈 수는 없는 것일까

적조赤潮

물 위에 뿌려 둔 주홍빛 노을
이미 어둠이 걷어간 지 오래인데도
바다는 선혈이 낭자하다
바다가 저렇게 피를 토하고 있는 것은
아무래도 무슨 변고가 있는 것이다

야성으로 살아 날뛰던 바다가 갑자기
시들시들 기력을 잃고 풀이 죽기 시작하면
아열대 해상에서 발아된 엘니뇨의
독한 바이러스가 이미 여기까지
당도하였다고 보면 된다

싱싱하게 뛰놀던 물고기들의 복부가
하늘을 쳐다보기 시작하면 드디어
바다의 숨통을 틀어쥐며 목을 조이려는
모종의 무서운 음모陰謀가 이미
시작되었다고 보면 되는 것이다

한순간 꿈과 희망에 찬 바다
뻔질나게 들락날락하며 바다의 태평성대를
빌고 빌던 밀물과 썰물도 결국
바다와 탄탄하게 맺었던 언약 파기하고
어디론가 모습을 감춰버렸다

카스피 海

바다이면서도 바다이기를 거부하고 여느 바다처럼 밀물과 썰물이 존재하지 않는 넓은 호수 같이 생긴 바다가 있다.
멀리 안개 낀 코카서스 산맥의 아득한 정상이 우뚝하게 보이고 크리미아반도를 관통하는 *볼가 강과 돈 강이 흘러드는 투르크멘의 남서쪽에 자리 잡은 카스피 해, -

지중 해저地中海底의 지각변동으로 일찍이 오대양과는 질긴 인연을 끊고 유럽과 아시아를 두 대륙으로 갈라치며 지구 상에서 유일하게 호수처럼 내륙의 바다로만 살아가고 있는 에메랄드처럼 맑고 순결한 카스피 해,

밀물과 썰물이 일지 않는 카스피해에는 갈매기가 살지 않고 철갑상어들이 떼를 지어 몰려 산다.
갈매기가 살지 않는 지중해 연안의 초원처럼 펼쳐진 카스피해안에는 여기저기 풍경화처럼 몰려 있는 크고 작은 별장들이 짙은 안개를 끌어안고 여명을 기다리고 있다

*러시아 서부로 흐르는 강

난바다

현현한 수륙의 경계 안으로
수북이 쌓여 가는 파도의 군락들

시생대로 소급된 내가 읽었던 우주는
온통 어둠이 물컹거리는 난바다였다

거칠게 몰려오는 칼날 같은 해일이
물결의 각도를 팽팽하게 깎아내고

천지개벽을 꿈꾸며 우주를 통째로
분질러 버리고 싶었을 난바다였다

빛이 굴절하는 그 난바다에 하얀
욕망의 빛들이 초 광속으로 부딪친다

나는 아직도 그 욕망을 버리지 못한
난바다를 이리저리 떠돌고 있다

폐선廢船

천둥과 번개 앞세우고 거칠게 몰아치는 해일은 번번이 자동 항법장치를 무시하고 붉은 혀 날름거리며 수평선 뒤에 숨어 있는 해무를 꺼내 들고 천지를 뒤엎을 듯 날뛰었다

역주행하는 파도 속 시간의 각도는 절박한 생존의 뱃길을 들락거리며 반골이 되도록 나를 혹사시켰지

나를 끌고 다니는 선장, 활처럼 휘어버린 그의 허리를 펴며 파이프에 죄 없는 담배만 끼운다

가까운 남해와 동해에서부터 아득히 먼 아틀란티스 해안까지 누비며 순양함처럼 때로는 극지의 쇄빙선처럼 밤낮 가리지 않고 험한 바다 떠돌다 이제 늙고 병들었다 내 죽으면 아무도 찾지 않을 첩첩산중 어느 절간의 목어로 다시 태어날거나 아니면 먼 바다 구만리 용궁의 거북이로 다시 태어나 날거나

강선장

선장 등에 불 들면 격정으로 춤추던 바다도
모든 기능의 작동이 잠시 멈춰지고
어둠에 휩싸여 조용히 명상에 든다
수부가 되어 200해리 경계 허물고 바다의
노다지 찾아 무작정 바다로 나선 강 선장

바다에 어둠만 야적되면 몸 둘 바를 모른다
언젠가 사할린 북방 150마일 쿠릴 해상 지날 때
물속에 수장되었던 형체가 멀쩡한 시신屍身하나가
갑자기 파도에 휩쓸려 갑판 위로 뛰어오르자
그때 받은 충격 때문일 것이라 하고

아니면 뱃놈 명찰 처음 달고 멍텅구리 배 탈 때
기관장이 휘두른 몽둥이에 머리를 얻어맞아
그때 받은 충격 때문일 것이라고 하고
아무튼 평상시엔 멀쩡한 강 선장 밤만 되면
한 번씩 정신을 놓아 버린다.

그가 끌고 가는 뱃길에는 사랑과 고독과
욕망의 음표들이 유성처럼 부유하고 있다
밤의 신기루 속에 물결과 물결의 뼈마디에서
발산되는 바다의 휘파람 소리는 한 번씩
간담을 서늘하게 하면서 사람의 혼을 뺀다

유년의 바다

내 유년의 사계절 바다는 영원히 녹슬지 않는 눈부신 청동거울이다. 거울 속에는 바닷가에서 태어나 짠물에 잔뼈가 굵고 바다가 불러주는 파도의 노래를 부르며 평생을 수부로 살았던 내 아버지와 그 아버지의 안녕을 위해 용왕님께 소지燒紙올리시며 바다의 태평성대를 빌고 비시던 내 어머니의 사랑이 노을처럼 타오른다.

세상에서 가장 튼튼하고 가장 건강한 비린내를 풍기는 청동거울 속 내 유년의 바다에는 오만한 바람의 빗장걸이에 걸려 넘어지면서도 그저 바다가 좋아, 격정으로 춤추던 그 파도가 좋아 이물에 출항기 꽂고 오대양을 누비며 평생을 수부로 사셨던 내 아버지와 바다를 뜯어 자식 뒷바라지만 하다 가신 내 어머니의 영혼이 살아있다

불가사리

혹 불가佛家의 사리舍利라고 착각들 하지 마시라
가시刺갑옷 입고 독버섯처럼 바다의 막장까지 이리저리 휘저으며 물속 생명들의 씨를 완전히 말리려고 안간힘을 쓰며 경거망동 일삼는 저 막되 먹은 이단아異端兒
천적도 없고 겁 없이 득실거리는 저들은 어쩌면 전생에 애타게 사랑을 찾아 은하銀河의 오작교를 건너다 추락하여 비명횡사非命橫死한 유성의 원혼이 진화되어 갈 곳을 잃고 바다 밑을 떠돌고 있을지도 모른다

海, 편지 1

사랑의 도굴꾼 득실거리는 뭍에 있는 당신,
노을이 진하게 반 죽되고 있는 뱃길은 언제나 아홉 시 방향에서 솟아오른 달빛이 진하게 선팅 된 노을을 걷어 내고 점령군처럼 순식간에 바다를 차지해 버리고 만다

구름 한 점 없는 먼 은하의 바다에는 팝콘 같은 별들이 수없이 반짝이고 마파람에 속도감을 잃은 항속 3노트의 행보는 시곗바늘을 수륙만리 당신 쪽으로만 돌린다

진정한 사랑은 일생에 단 한 번뿐이라고 하데,
우리는 파랗게 출렁이는 젊음을 담보로 일생 단 한 번뿐인 그 진정한 사랑을 위하여 나는 한 마리 튼튼한 연어가 되었고 당신은 그 연어를 아늑하게 품어 주는 포근한 둥지가 되어 서로의 심장에 맞불을 질렀지

사랑의 도굴꾼 득실거리는 뭍에 있는 당신
어쩐지 오늘따라 당신을 한껏 도굴하고 싶어 진다
저 물이랑 속에 당신을 꼭꼭 감춰 두고 보고 싶을 때마다
한 번씩 끄집어내 보는 당신의 영원한 도굴꾼이고 싶다

海, 편지 2

갑판 위에 모처럼 마음 풀고 앉아 황혼의 검색창을 두드리면 풍선처 럼 부풀어 오르는 석양이 서둘러 제 몸을 감추려는 듯 수평선의 경계 너머로 서서히 얼굴을 묻는다.

진한 혈류의 오르가즘이 팽팽하게 물결 위로 당겨지고 눅진한 바다의 꿈속에서는 〈백경〉의 에이합 선장처럼 식인상어의 날카로운 이빨에 허벅지를 물려 피를 흘리기도 하고,

밤마다 파도의 목덜미 붙들고 익룡翼龍처럼 나타난 돌고래 등을 타고 씨름을 한다. 스스로 빚어진 파도가 자해自害를 하고 수평선 뒤에 은거하던 바람은 삿대질을 하며 수시로 나타나 주먹을 휘두른다.

언제나 그렇듯 바다는 감옥처럼 나를 꼼짝없이 가둬두고 말지만 당신이 원한다면 싱싱하게 살아 날뛰는 바다 한 폭 뚝 떼어 택배로 보내 줄게. 사방을 덮어 오는 어둠 속으로 밀물처럼 밀려올 그리움은 오늘 밤 또 이 가슴을 얼마나 쥐어뜯을까

海, 아내

뭍을 떠나올 때
근심 어린 눈으로 무슨 보물인 양
꼬깃꼬깃 아내가 챙겨 넣어준
우황청심원 牛黃淸心元
황금옷자락에 곱게 쌓인

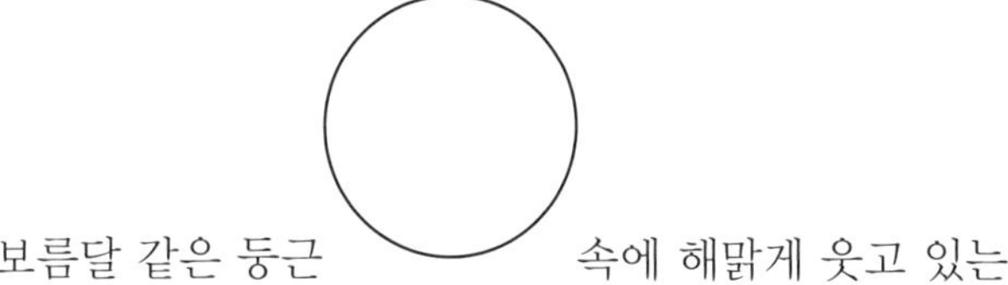
보름달 같은 둥근 속에 해맑게 웃고 있는

아내의 얼굴이 붙박여 있다
심한 삶의 파도에 멀미가 나고
뭍이 그리워 머리가 띵해질 때마다
그는 아내를 우물우물
물로 씹어 삼킨단다

파도의 묘비명

갯강구 바글거리고 두 눈 멀뚱멀뚱한 콩 게들
파도에 떠밀려 마당까지 걸어 나와 하루 종일
뛰어놀다 가던 청정한 바다가 있던 마을
어느 날 갑자기 바퀴벌레처럼 사방에서 모여든
대형 덤프트럭들이 한동안 난리 피우더니
준설토가 산처럼 쌓이고 그 바다 건설 도면 속에
둘둘 말려 쥐도 새도 모르게 사라져 버렸다
지금은 선복처럼 여기저기 컨테이너들이 쌓이고
크고 작은 공장들만 빽빽하게 들어찬 땅 밑에서
파도는 아직도 제대로 숨이 끊어지지 않은 것인지
가끔씩 철석! 철석! 이명처럼 귓전을 맴돌고 있다
수억 년 동안 밀물과 썰물로 살아온 양질의 바다
그 바다 순식간에 생매장당하고 매립의 제국이 되어
이제 그 모습 찾아볼 수 없으니 그 옛날 이곳은
푸른 파도들이 오대양과 내통하며 마음껏 뛰어놀던
한 자락 바다 였다고, 여기 그 파도 깊이 잠들었노라고
파도의 묘비명이라도 하나쯤 세워 두면 어떨까

남중국 海

잠시도 물을 떠나서는 살 수 없는 수부들의 삶이 한 번씩 원심력을 잃고 좌절할 때마다 저 푸른 바다는 가슴을 열고 그들을 따뜻하게 품어 안아 주었다 그들의 삶이 심하게 기우뚱거릴 때에도 바다는 그들을 꼭 붙들고 선상생활의 희로애락喜怒哀樂을 일깨워주며 용기와 힘을 북돋아 주었지

파도의 알리바이를 지우고 장대한 물너울로 어둠을 박제하며 깊어가는 밤바다, 다음 기착지는 중국 해적들이 날뛴다는 공포의 남중국해를 지나 가오슝항*이다 달빛 쏟아 놓은 바다에 둥둥 떠있는 수많은 바다의 사연들이 물고기처럼 일렁거린다 오늘도 한 편의 시詩를 쓰듯 차분하게 바다를 다스리며 배를 끌고 항해해야 한다

공포의 항해

바람이 사납게 덤비며 어둠을 야금야금 갉아먹는다 감히 바람도 함부로 덤비지 못한다는 북위 30° 버뮤다 삼각지대 해역은 공포의 해역이다 토네이도를 연상케 하는 세찬 바람이 번번이 포효하는 데이노니쿠스*의 발톱처럼 거칠게 덤빈다

오늘도 바람은 보나 마나 미친 들개처럼 우현과 좌현을 무참하게 물고 뜯으며 선체를 계속 공격해올 것이다 아직 실전에 경험이 적은 젊은 항해사가 하늘과 바다도 구분하지 못하는지 순간 당황하는 기색이 역력하다 항로를 잃을지도 모르는 불안감이 엄습해오나 보다. 그렇다. 수부의 운명이란 어차피 바다가 결정짓는 것이 아닌가

해녀

동해의 최남단 청사포에도 혜풍이 분다
밤새 봉인된 바다의 봉인을 맨 먼저 뜯는 것은
시베리아 빙산에서 달려온 된바람도 아니고
새벽잠 설친 아침 갈매기 울음소리도 아니다

청사포 아침 바다의 뚜껑을 맨 먼저 여는 것은
평생을 오리발로 물살 휘적이며 살아가는
제주댁 김해순 여사가 휴-휴- 하고 한숨처럼
허공으로 내 뿜는 바로 그 휘파람 소리다

바다의 행간 속 무수한 은파들을 발로 걷어차며
단 한순간이라도 물을 떠나서는 살 수 없는
잠여 김해순 여사, 그의 할머니가 그랬고
그의 어머니가 그랬듯 용왕께 소지 올리며

조상처럼 바다 섬기고 자식같이 바다 가꾸며
물질하고 살아가는 그에게 청천벽력도 유분수지
언젠가 성깔이 극에 달했던 태풍 셀마는
무차별적으로 거친 상 소리와 육두문자 퍼부으며

미친 듯이 해안을 물고 뜯더니 법 없이도 살
그의 순한 남편 그만 데리고 가버렸다
어쩌면 지금은 한 자락 먼 바다가 되었을지도 모를
그의 지아비 학수고대하며 살아가는 김해순 여사

베링海

거칠고 험난한 바다는 위대한 항해사를 만든다
부산 감천항을 밀치고 출발한 트롤선 제2 통영호, 머나
먼 바닷길 걷고 걸어 지금 그가 그리고 있는 항적航跡은
시베리아와 알래스카 반도 사이 거대한 호수처럼 자리
잡고 있는 베링해 세인트로렌스 섬 부근이다
여기가 어딘가, 물 반 고기 반 그야말로 바다의 황금을
캐기 위해 작정하고 달려온 뱃길이 아닌가
악명 높은 해일의 총구가 당장 급소라도 내놓으라는 듯
시도 때도 없이 공격을 서슴지 않는, 혹한기엔 영하 30
도가 넘는 험한 바다 북태평양,
명태와 킹크랩을 찾아 모여드는 각국 선단들의 치열
한 자리다툼은 마치 전쟁을 방불케 한다
바다의 오장육부 막장까지 뒤적이며 통발 속에 바다를
가두는 작업에 능숙한 항해사, 지문 항법과 천문 항법을
다 동원하며 마땅한 투성投繩점을 찾고 있다

未明이다

동안거 중이던 바다가 진하게 암내를 풍긴다
새벽하늘과 바다가 몸을 섞는 일출이 되면 바다의 행간은 용암이 솟듯 붉고 크게 출렁거리며 세상은 온통 불바다를 이룬다

은비늘 눈부신 갈치 떼를 거느린 잔뜩 발기된 파도가 수평선을 끌어안으며 갈매기를 불러 모은다
파도의 들숨과 날숨을 번갈아 콕콕 쪼아 먹는 갈매기들이 바람에 몸을 싣고 허공으로 날아오르고

포세이돈이 그려내는 춘화도春畫圖속에 살랑살랑 피어나는 바다는 누가 뭐래도 포동포동 물오른 처녀처럼 꼬리를 살래살래 치면서 대륙을 끌어안고 이리저리 몸을 뒤척일 때가 그래도 가장 매력적이다

바다가 그리워 섬으로 간 나무들

바다는 양질의 벽파를 경작하며 크고 작은 섬들을 사육한다 단 한순간이라도 물의 둥지를 떠나서는 살 수 없는 것이 바로 섬이다

바다가 그리워 섬으로 간 동백 비자 후박 식나무 둔나무 등 상록활엽수와 섬 쥐똥나무, 팽나무 상수리나무 유자나무가 울창하고 부처꽃 나리꽃 방풍나무 꽃 야국들이 활짝 핀 섬으로 들어서면 성깔이 극에 달했던 태풍과 해일의 이빨에 물어 뜯긴 자국들이 섬 여기저기 널려 있다

섬과 섬 사이, 파도와 파도 사이를 뻔질나게 들락거리는 고기떼들처럼 오랏줄을 푼 방파제에 구금된 파도들이 이리저리 몸을 뒤척이고 노을에 물든 저녁 바다는 가을 논 벼이삭처럼 한창 무르익어간다

북항 대교

잔뜩 술에 절은 얼굴처럼 빨갛게 노을이 일렁이는
백운포 저녁바다가 장대한 물너울로 비단자락같이
펄럭인다
서서히 어둠을 불러들이며 불을 밝히는 등대,
그는 오늘밤 얼마나 많은 불씨들을 바닷물속에
산란해 둘 것인가

난해한 파도의 알리바이를 지우며 바삐 예인되는
선박들은
해양물류도시의 체면치레라도 할 양인지 바삐 몸을
들이민다
선박보다 콘크리트 구조물들이 더 많이 정박된 항구
거대한 북항대교가 욕망의 불꽃을 튀기며 바다를
건너고 있다

海, 몰디브

인도양 바다 한가운데 마치 수제비를
뚝뚝 뜯어 띄워 놓은 것 같다.
옥빛 물결 속 산호를 헤치는
스쿠버다이버들의 유연한 몸놀림
아이보리색 모래사장을 끼고 펼쳐지는
해안의 아름다운 정경들이
한 폭의 수채화처럼 펼쳐지고,
새로운 앞날의 도형을 그리려는
젊은 남녀 커플들이 한 번쯤은
다녀가고 싶은 몰디브 해,
일렁이는 파도 사이로 증류수처럼
맑고 초롱초롱한 눈빛이 손짓한다.
답답하고 짜증 나는 삶 잠시 벗어 두고
내 안의 한적한 섬으로 오세요
열대 바다의 낙원인 아름다운
몰디브해 내 속으로 들어 오셔요

정 항해사

바다에서 퇴직한 항해사 정씨 질기고 당찬
그의 청춘을 송두리째 바다에 집어던졌다
방파제 한구석에 방치돼있는 한 척의 낡은 배처럼
어느새 새우등같이 허리도 굽고 잔뜩 그을린 얼굴에
크고 작은 주름살이 한없이 파도친다
그의 혈기왕성했던 삼사십 대 항로는
바다의 노다지 찾아 원양어선 끌고
새치 떼 우글거리는 남태평양이나
북대서양을 넘나들며 그야말로 물 반 고기 반의
바다 그물로 막 건져 올렸다
그의 지천명 항로 또한 부국의 부푼 꿈과
희망을 꾹꾹 다져 실은 수천수만 개
컨테이너 담아 싣고 오대양 육대주 주름잡았지
적도의 뜨겁게 내리쬐는 태양에 그을린
그의 얼굴이 말해주듯 정 항해사 이제는
제 몸의 격랑도 제대로 이기지 못하는 폐선이 되어
마땅히 정박할 곳도 찾지 못하고 썰물로 밀려난 것이다

海, 굿놀이

초 여름밤 청사포에 들렀더니 파도의 멱살을 꽉 쥐고 있는 테트라포드 군단 맨 끄트머리에 배선 굿놀이*가 한창이다

바람과 잡신雜神거두고, 그동안 수장된 수부들 혼魂 달래며 바다의 태평성대와 풍어를 빌고 비는 징소리가 날 붙들고 잠시 좀 쉬었다 가라한다

마침 등대 앞을 지나던 낡은 유람선 세파에 찌든 몸 삐거덕거리며 "돌아와요 부산항"을 목이 터져라 외쳐댄다

낮술에 취해 잠든 한 낚시꾼의 꿈속에선 연신 자리돔이 입질을 하고, 매립지 한편엔 에이치비빔에 찔린 파도가 비명을 지르며 파란 피를 흘리고 있다

*해운대 지방에서 올리는 풍어제

빙하의 제국

로스와 월크스랜드를 동서로 빅토리아랜드와 에버러 산이 대륙을 이룬 하얀 빙하의 제국, 남위 66도 33, 로스 해와 웨들 해를 끼고 화산으로 진화된 남극 바다는 좀처럼 파도와 수평선이 보이지 않는 말하자면 빙하의 공화국이다

망망한 백야의 빙편선 위에 남극성이 떠오르고 쇄빙선이 눈부시게 하얀 얼음을 깨면 레오퍼드, 웨들, 로스, 게잡이 바다표범들이 사랑을 나누거나 연미복을 말끔하게 차려입은 황제펭귄 무리들이 귀엽게 재롱을 부린다

빙국氷國의 태평성대를 빌고 비는 남극노인의 전설 속에 수평선 대신 빙평선과 멀리 빙편선에서 불어오는 악명높은 블리자드만 살고 있을 뿐이다. 전설 속의 남극노인, 그는 끝없이 펼쳐진 빙해의 포근한 태반 속에 고래와 트롤 새우 물개와 펭귄을 키운다

대륙을 집어삼킬 듯 입을 쩍쩍 벌리고 있는 무서운 크레바스, 우뚝한 설산을 무너뜨릴 듯 블리자드가 세차게 몰아쳐도 크릴새우를 찾아온 고래들이 빙붕氷棚처럼 떠다니는 파도와 바닷물이 좀처럼 보이지 않는 남극은 하얀 얼음 공화국이다

나와 해양문학(詩)

배 기 환

지리산 하면 비교적 바다와는 거리가 먼 내륙 지방이라 할 수있다. 필자가 태어난 경남 하동군 북천면은 더욱 그렇다. 그렇지만 같은 하동군이라 하더라도 바다와 인접한 지역이 금남면과 금성면 그리고 진교면 3개면이나 되니 꼭 그런 것 만도 아니다. 하동군 금남면과 남해군 설천면을 잇는 남해대교는 섬과 육지를 연결하는 우리나라 최초의 현수교로써 관광지로도 많이 알려진 곳이다 근자에 와서는 교통량이 많아 인근 또 다른 현수교를 설치하였을정도다 어찌 되었건 첩첩산중인 지리산 자락에서 태어나고 자란 내가 바다를 동경하게 된 것은 아마 산촌 출신 아버지와 남해안의 바닷가 별주부전의 작품 진원지로 알려진 비토섬이 있는 경남 사천시 서포면에서 태어나신 내 어머니 사이에서 출생한 말하자면 산과 바다의 피가 절반씩 흐르는 내 혈통과 무관하지 않을

것으로 생각한다

초등학교 시절 방학 때마다 외가에서 느낀 바다에 대한 동심의 추억은 지금도 잊을 수가 없다 물론 오래전 고향을 떠나 부산에 정착하여 살다 보니 자연히 바다와 가까이 지내게 된 영향도 있겠지만. 지금 와서 생각하면 필자가 해양문학에 남다른 관심을 갖게 되고 해양에 관한 시를 쓰게 되었던 것도 아마 어린 시절 외가가 있던 바다가 영향이 클 것으로 본다.

첩첩산중에서 태어나신 아버지와 바닷가에서 태어나신 내 어머니 사 이에서 태어난 내 몸속에는 항상 바다가 출렁거리고 산이 우뚝 솟아있다. 말하자면 나는 산과 바다의 피가 절반씩 흐르고 있는 혼혈아混血兒인 셈이다. 그래서 그런지 누가 내게 '산이 좋으냐. 바다가 좋으냐. 하고 묻기라도 하면 나는 나도 모르게 '산도 좋고 바다도 좋다. 라는 말이 툭 튀어나와 버린다.

두메산골에서 산채만 캐 먹고 자라던 내가 가끔씩 외갓집에 가면 외할머니께서는 '아거야 많이 먹어라 뼈까지 오독오독 씹어서 많이 먹어라 그것이 피가 되고 단단한 뼈가 된단다.' 하시며 끼니때마다 산중에서는 구경하기도 힘든 고기반찬에다 전복이며 해삼이며 소라나 새우등, 그야말로 요즘 생각하면 바다의 알짜배기만을 속속 솎아 먹이던 그 외갓집이 나는 좋아, 방학 때만 되면 몇 십리도 넘는 길을 마다하지 않고 꼭꼭 찾곤 하였는데, 지금 와서 곰곰 생각하면 내 이처럼 단단한 이빨로 큰 병치레 없이 건강할 수 있었던 것은 아무래도 산과 바다의 혼혈로 태어난 자랑스러운 내 혈통 덕분이리라.

하지만 이제 세상도 많이 바뀌어 내게 무공해 자연을 뜯어 먹이던 고향의 아름다운 산도, 생선이며 전복이며 소라를 캐 먹이던 외갓집의 비옥하고 청정한 그 바다도, 골프장과 공단工團들이 다 캐 먹어버리고 도무지 옛 모습은 찾아볼 수가 없지만 그래도 나는 내가 타고난 내 혈통을 제대로 보전하기 위하여 지금도 산과 바다가 맞물린 어느 해안가에 둥지 틀고 어릴 적 외할머니 말씀대로 산과 바다를 번갈아 오도독 오도독 씹어 먹으며 살아가고 있다.

불멸의 바다 詩篇 15 혼혈 전문

국내에서 비교적 지명도가 있는 해양문학상을 꼽으라 하면 〈한국 해양문학상〉과 〈여수 해양문학상〉 그리고 해양 수산부 산하 해양문화재단에서 주관하는 〈해양문학상〉이 있는데 부산의 한 평론론가는 제22회 한국 해양문학 심포지엄에서 "배기환 시인은 부산에서 오래 활동한 시인이다 그가 바라보는 바다는 보통 사람들이 바라보는 바다 그 이상도 이하도 아니다. 누구나가 좋아하고 싶은 서정의 바다, 호혜의 바다 정도이다. 배기환 시인은 시어를 선택하고 그것을 형상화시키는데 탁월한 능력의 소유자다 만약 시 쓰기를 기술로 따진다면 고급 기술자다 그래서 바다에 대한 치열한 체험의 부재에도 불구하고 그런 문학적 능력과 바다에 대한 서정이 한데 어우러져 각

종 해양문학상 대상의 반열에 우뚝 서게 된 것"이라고 필자를 과분하게 치켜세우고 있지만 아무래도 상은 어느정도 운도 따라야 한다

필자가 본격적으로 해양시를 쓰기로 마음먹었던 것은 아마 2007년 경으로 기억 된다 당시 한국해양문학상에 처음 응모하여 본심까지 올라갔으나 입상하지 못하고 5편을 추려 여수해양문학상에 응모하여 대상을 받았다 아래 인용 시 〈감성돔〉은 제10회 여수 해양문학상 공모에서 대상을 받은 작품으로 처음 도전으로 대상을 받았다. 당시 심사를 맡은 나희덕 시인은 배기환의 시들은 인간의 삶과 죽음을 끓어 안는 바다의 생명력을 싱싱하게 길어 올리고 있으며 작고 날렵한 솜씨를 다루면서 보편적인 주제와 감각을 이끌어내는 뛰어난 감수성이 돋보인다고 평한 바 있다

비늘과 비늘 사이 파도가 번쩍이는
감성돔 한 마리 싱싱하게 도마 위로 뛰어오른다
단칼에 쓱싹 배를 갈라 치더니 창자를 까뒤집고
내장 속 깊이 감춰둔 바다를 철썩 꺼내 보인다.
쩍쩍 벌리는 아가미 사이로 일몰에 삼켜둔
주홍빛 노을이 빨갛게 흘러내리고
살 속 깊이 뿌리박고자란 뼈들이
삐걱삐걱 걸어 나와 도마 위에 주저앉는다.
물고 물리는 심해의 치열한 생존 경쟁 속에

그래도 그가 이제까지 목숨을 부지하며
살아남을 수 있었던 것은 천적이 나타나면
사정없이 콱 물어뜯어버리는 그의 날카로운
이빨 때문이기도 하겠지만 무엇보다도
그가 깊은 바닷속을 마음껏 유영하며 무사히
한 생애를 마칠 수 있었던 것은 아무래도
거친 풍랑과 암초 더미를 잘 다독거려준
그의 날쌘 꼬리와 지느러미 덕분이리라
섬뜩한 칼날도 그의 사정을 아는 듯 좀처럼
숨이 끊어지지 않고 꿈틀꿈틀하는 꼬리와 지느러미는
조심스럽게 잘라 다시 바닷물 속으로 휙 집어던진다

감성돔 전문

폐타이어가 주렁주렁 매달린 어선들을 처음 보고 나는 그들도 자동차처럼 바퀴가 필요한 것이었구나.

바퀴 없이는 그네들도 바다 위를 도저히 굴러다닐 수가 없는 것 이구나 하고 생각했었다.

지상에서는 탱글탱글한 공기주입 없이 단 한 발짝도 움직이지 못하고 폭삭 주저앉아버리고 마는 타이어지만 신기하게도 바다에서는 바람 없이도 여기저기를 참 잘도 굴러다니는구나 하고 생각했었다.

그러나 정작 그들이 폐타이어를 줄줄이 엮고 다니는 까닭은 지상의 자동차들처럼 물 위를 쌩쌩 질주하기 위한 것도 아니고

고기를 잡는데 꼭 있어야 할 도구나 장식물도 아니고 실은 그 사정은 다른데 있었다는데.

그동안 태풍이나 해일 그 어떤 해상 폭력 앞에도 그들

이 끄떡없이 버틸 수 있었던 것은 다름 아닌 쭈그러지고 뭉개지고 바람 빠진, 지상에서는 용도 폐기된 바로 그 폐타이어 덕분이란다.

아 그러면 그렇지 어찌 내 거기까지는 미처 생각하지 못했던가.

뭍에서 무거운 삶의 등짐만 지고 역마살처럼 정신없이 싸돌아다니다 결국 행려병자처럼 폐물이 되어 거리로 나앉고 마는 천덕꾸러기 폐타이어,

뭍에서는 아무짝에도 쓸모없어 천대받던 그들이 그래도 바다에서는 제대로 대접받으며 살 수 있다니 그나마 다행이구나.

살다 보면 서로 부딪치고 깨지고 이마빡 터지는 살벌한 우리네세상살이도 그들처럼 몸에 폐타이어를 줄줄이 달고 다니면 안전하게 삶을 항해할 수 있을까.

海, 폐타이어 전문

〈2008년 제10회 여수해양문학상 대상 대표작〉

여수 해양문학상 대상 수상을 기화로 용기를 얻은 필자는 계속 국내 해양문학상에 도전하게 되는데 특히 "한국 해양문학상"은 출품 작품수가 당시 시 40편 이상 시집 한 권 분량이어서 여간 어려운 작업이 아니었다 그리고 해양문학상 심사위원들의 취향에 따라 물론 다르겠지만 체험의 바다 즉 한국해양대학을 비롯한 국내 해양수산 관련 학교를 졸업하고 배에 승선한 선원이거나 몸

으로 직접 바다를 겪어며 쓴 글이 아무래도 해양문학에서는 유리하게 작용하여 한국 해양문학상 수상자들 중에는 선장이나 항해사 출신들이 많다 언젠가 한 여류시인의 대상 수상을 두고 "배도 타 보지 않고 바다와 관련이 없이 어찌 해양시를 쓸 수 있냐"라는 주장에 "3면이 바다인 우리나라에서 바다와 관련되지 않은 사람은 없고 해양문학이 반드시 바다의 체험을 전제 조건으로 한다면 그것은 체험수기와 무엇이 다르겠느냐 며 한때 논란이 된 적이 있었다.

그렇다 해양문학이라고 해서 꼭 체험을 수반해야 된다면 헤밍웨이의 "노인과 바다"는 과연 어떻게 설명할 것인가 물론 간접체험이나 관조의 바다보다는 체험의 바다가 사실적이고 현장성이 있기 때문에 유리한 것은 틀림이 없지만 그렇다고 해양문학에 반드시 바다의 체험이 필수적이어야 한다는 데에는 필자도 동의할 수 없다.

필자는 번번이 본심에서 탈락하고 2010년 "불멸의 바다 詩篇" 연작시 41편을 출품하여 그해는 대상작이 없었고 배기환의 시「불멸의 바다 詩篇 바다의 하이에나」와 김세윤의 시「맛있다, 바다」 박정선의 소설 「남태평양에는 길이 없다」가 공동으로 최우수상을 수상하였다

필자는 당시 수상소감으로 "육중한 바다의 행간을 헤치며 가끔씩 앙칼지게 몰려오는 오만한 바람은 내 몸속 바다에까지 깊숙이 침투하여 경화된 혈로와 난간을 열

어젓히며 곤하게 잠든 나를 흔들어 깨우곤 하였다. –중략– 격정으로 춤추는 그 파도가 좋아 오대양을 누비고 다니며 고기를 잡는 수부처럼 마음껏 시어詩語를 건지며 시를 쓰고 싶다"는 소회를 밝힌 바 있다.

방파제에 구금된 파도가 오랏줄을 풀고
이리저리 몸을 뒤척이는 해거름이다
노을이 비껴간 해안은 차츰 어둠의 등이 켜지고
바다는 순식간에 검은 장막 속으로 주저앉는다.
촛불을 켜고 향을 사르며 쇠가죽을 치는 무녀
굳게 잠긴 용궁 문 두드리며 용왕님 깨우는 북소리
탕 탕 탕 사방에 울려 퍼지면
아득한 그 옛날 눈먼 아비의 광명에 바칠
공양미 삼백 석에 꽃다운 몸을 던진
심청이의 영혼도 애절하게 심청가 부르며
반야용선 타고 나타난다.

그동안 수장된 수많은 혼령들
촛농처럼 눈물 뚝뚝 흘리며
까마득한 기억의 오색 비단 바람에 나풀나풀
제각기 비문에 새겨둔 전생의 일들 꺼내 들고
물고기처럼 갈매기처럼 삼삼오오 모여든다.
북소리에 놀란 악귀들 훠이훠이
멀리 수평선 금 밖으로 물러나고
허공을 떠돌며 갈 곳 없는 남녀노소 혼
모처럼 헌주에 고주망태가 되어
한바탕 흥겹게 뛰고 놀며 야단을 치다가

마침내 심해의 깊은 잠 속으로 빠져 든다.

불멸의 바다 詩篇 6 진혼제鎭魂祭 전문

유자나무 가시에 찔린 일몰의 바다가 객혈을 한다.

찢어진 그물 꿰매듯 바다에서 삶을 한 땀 한 땀 깁으며 살아가는 어부 만식 씨, 오늘도 뭐가 그리 못마땅한지 대낮부터 술에 취에 바다의 귓전에다 '네미 씨펄 네미 씨펄' 하며 입에 게거품 문다.

이를 물끄러미 지켜보고 있던 어촌계장 최씨,

"만식아 뭐꼬, 와 그라노 바다가 무신 죄가 있다고 그리 욕을 퍼부어 샀는 기고"

"형님은 모르면 마 가마이 이시소. 불난 집에 부채질하는 기요 형님이 해결해 줄랑 기요"

"일 마야 그리 사치 말고 말을 해야 될 거 아이가 와 그라노 말이다"

"글쎄 저 죽일 놈의 바다가 지난밤 또 내 배를 끌고 갔다 아이오 그런데 열 안 받게 됐소. 이게 한 번이면 내가 말을 안 하요"

아닌 게 아니라 그러고 보니 선착장에 매여 있던 만식이 멍텅구리배가 보이질 않는다. 지난밤 포구를 떼 갈 듯 사납게 바람 불더니 그만 죄 없는 만식이 배 또 데리고 간 모양이다.

"단단히 매지 또 엉성하게 맸구만 그래도 그렇지 바다가 무신 죄고, 그 웬수 같은 바람이 죄지. 니 배 바다가 끌고 갔나 바람이 끌고 간 기지"

노을을 겨워내던 바다도 어느새 어둑어둑하고 지난밤 바람에 배 내준 만식이 한동안 부아를 삭이지 못해 씩씩거리며 갯가를 싸돌아다니더니 어디서 취해 잠들었는지 잠잠하다.

하루도 바람 잘 날 없는 어촌, 어촌은 또 그렇게 저물어 간다.

"아요! 너그들 봐라 갯바람 무섭다. 그 바람 조심해야제 배만 끌고 가는 거 아이다 벌써 동네 젊은 여자들 몇 끌고 갔다 아이가. 갯바람 조심해라, 하모 조심해야제"

어촌계장 최씨 허공에 대고 구시렁구시렁한다.

불멸의 바다 詩篇 13 갯바람 전문

〈2010년 제14회 한국해양문학상 최우수상 수상 대표작〉

다음 작품은 해양수산부 산하 해양문화재단에서 주관하는 2015년 제8회 〈해양문학상〉 시 부문 최우수상 작품이다 여수 해양문학상과 마찬가지로 출품 편수가 시 5편이기 때문에 작품을 준비하기가 비교적 부담은 안되지만 그래도 전국 규모의 문학상이기 때문에 만만하지가 않다. 사실「白波의 항로」는「불멸의 바다 詩篇」과 같이 연작시 형태로 쓴 작품인데 「불멸의 바다...」가 바라보는 바다라면 「白波의 항로」는 화자가 직접 항해를 하면서 쓴 작품처럼 체험을 가장했는데 승선 경험이 없는 필자로서는 솔직히 작업에 어려움이 많았다 그중에서 6편을 골라 응모한 것이 시 부문에서는 최고 점수를 받아 우수상을 받았다 세종시에 있는 해양수산부 강당에서 개최

한 시상식에는 당시 세월호 사건으로 정신이 없던 이주영 장관이 직접 시상을 했는데 그 자리에서 오랜만에 제8회 한국 해양문학상 소설「피닉스호의 최후」로 대상을 받은 바 있는 김종찬 선장을 만났다 그는 소설이 아닌 수필로 필자와 같이 우수상을 받았는데 시상식을 마치고 부산역에 같이 내려 모처럼 포장마차에서 소주를 한잔하며 내년에는 서로 대상을 노리며 꼭 작품을 내자고는 했지만 필자는 더 이상 작품을 내지 못했다. 사실 해양 문학을 하는 문인들의 층이 얇기 때문에 각종 해양 문학상 공모에는 중복 응모하는 경우가 많은데 대부분 수상자의 면면을 보면 낯익은 이름들이 많다. 김종찬소설가도 오랫동안 선상생활을 통한 경험을 바탕으로 문학활동을 하고있는 분이다

푸른 적요寂寥의 공간 속으로 쏟아지는
눈부신 햇귀가 육중한 바다의 이목구비 열면
시베리아 빙산 쓸고 온 된바람 지구를 흔들고
지구는 대양을 흔들며 곤하게 잠든 바다 불러 깨운다

블랙홀처럼 어둠이 저벅거리는 바다를 토벌해야 하는
수부들의 고된 삶이란 어차피 모험이다.
시시각각 표정을 바꾸는 파도와 해일의
난해한 문장들을 하나하나 해독하며
험난한 바다와 끝까지 승부해야 한다

젊은 날의 충동처럼 격동이 있고, 시련이 있고
짭짤한 삶의 애환들이 살아 숨 쉬는
욕망으로 출렁이는 울창한 바다의 숲 헤치면
싱싱한 물의 아가미가 뿜어내는
무성한 파도와 심해 속의 숱한 언어들이
물고기처럼 이리저리 유영하고 있다

좀처럼 속내 드러내지 않는 난류와 한류
970헥토파스칼의 성난 눈길로 해륙을 물고 뜯는
풍랑의 빗장걸이에 번번이 걸려 넘어지면서도
수부는 기어코 저 바다를 정복해야 한다
험난한 저 백파의 언덕을 뛰어넘어야 한다

잘 발효된 해와, 달과, 별과
잘 숙성된 구름과 안개바다가 가지고 있는
수천수만 종 바다의 소장품들을 하나하나 탐색하며
광활한 초원처럼 펼쳐진 먼 바다로 출항하기 위해
수부는 지금 벅찬 가슴으로 바쁘게 닻을 올린다

白波의 항로 1 출항 전문

너의 성난 지느러미와 날카롭던 꼬리가
물살을 가르며 활개 치던 먹고 먹히는
약육강식弱肉强食의 캄캄한 바다에는
유령처럼 밤 갈매기들만 끼룩거린다

하루에도 수시로 얼굴 모습을 달리하며
변덕을 부리는 고비사막처럼 시시각각

표정을 바꾸는 대서양과 인도양을 지나
나는 지금 험난한 삼각파도를 타고
북태평양 쿠릴열도를 향해 항해 중이다

저기 뼈가 앙상하게 드러난 파도의
은쟁반 위에 아직도 압박붕대를 칭칭 감고
둥둥 떠다니고 있을 그때 잔뜩 독을 뿜은
너의 송곳니가 사정없이 물고 뜯었던
에이헙 선장의 절단된 한쪽 다리와
엔더비호 선장의 한쪽 팔이 보이느냐

암흑의 여신들이 춤을 추며 쉽사리
잠들지 못하는 캄캄한 밤바다의 초원 위엔
아득한 전설 속의 기억들이 몰려오고
비린 유혹을 쫓아다니던 그 날카로운 이빨은
밤하늘의 물결 속에 은하수처럼 반짝이는구나

白波를 헤치며 1 전문

〈2014년 제8회 해양문학상 시 부문 최우수상 대표작〉

위에서 말한 바와 같이 연작시「白波의 항로」는 아무래도 제14회 최우수상 수상이 아쉬운 나머지 대상에 도전하기 위해 쓴 작품으로 번번이 최종심에서 낙방하고 말았다. 그리고 본심 심사에서는 응모자가 공개되기 때문에 이미 우수상을 받은 바 있는 필자로서는 그 점이 심사에 전혀 영향을 미치지 않았다고 볼 수는 없을 것이다.

필자가 끈질기게 대상을 겨냥해 그 집념을 버리지 못한 것은 해양 문학상으로서는 어느 상보다도 권위가 있기 때문이 아닌가 생각한다. 한국 해양 문학상 제1회 대상 수상자는 년 전 영국의 벤북크 문학상을 수상하여 화제가 된 바 있는 소설가 한 강의 아버지인 소설가 한승원 씨다

그러나 무엇보다도 필자가 대상에 집착을 버리지 못한 것은 솔직히 짭짤한 상금 때문이 아닌가 생각한다. 대상 상금 2,000만 원은 국내 공모 문학상 상금 중에서는 결코 적은 상금이 아니기 때문이다. 우수상 수상 후 한 번을 낙방하고 두번째 도전에서 뜻을 이룬 셈이다.

후일담이지만 예심을 맡았던 최휘웅 시인은 필자의 작품을 보고 틀림없이 이 작품은 선장이 쓴 것이라고 믿었다고 한다. 화자가 직접 항해 하며 쓴 것처럼 현장감이 있게 쓴 것이 아무래도 심사위원들의 시선을 끌었을 것이다.

쿠릴열도 지나 오호츠크 해로 접어들면
멀리 섬처럼 떠 있던 캄차카 반도가 눈앞으로 밀려온다
편동풍을 타고 아열대 북쪽 지류와 아한대 남쪽 지류를
형성 바람도 화석으로 만든다는 북태평양,

적요寂寥와 윤슬의 푸른 수평선 헤집고
물속에 빠진 석양이 빨갛게 코피를 쏟았나 보다

몇 모금의 담배가 지독하게 나를 태우며
바다가 서서히 내 몸속으로 밀려드는 동안
물살은 제 살을 뜯어 파도를 만들고 파도는 쉬지 않고
노을을 풀어헤치며 의식과 무의식의 극점에 흩어 놓는다

양탄자처럼 수면 위로 넓게 깔리는 노을
조류 따라 속수무책으로 번져가는장대한 불의 물결이
바람을 타고 고단한 삶의 조타실로 꾸역꾸역 몰려오면
밤마다 어김없이 권태기는 나를 찾아왔다

시간으로 단단히 포박해야 하는 긴 항해의 고충
어둠 속에 잠든 뱃길은 심하게 투정을 부리며 푸념처럼
허우적거리고 다시 어둠 속으로 허물어지곤 하였다

무심코 지나친 질긴 기억들은 유성으로 떠돌며
바다는 오늘 밤에도 심한 홍 울증처럼 거세게 울렁거린다
허공을 향해 몸부림치는 파도 붉은 혀 날름거리며 컹컹
짖고 있다. 파도 속에 수장된 기억들이 자맥질을 한다

出航日誌 2. 윤슬의 푸른 수평선

광부는 산을 파먹고
어부는 바다 뜯어먹으며 산다
만선의 꿈을 실은 선수船首가 화살처럼 물살을 가르며
바다의 노다지를 찾아 뭍을 떠난 지 벌써 몇 날밤

수부들이 고기를 잡는 일은 바다에서 황금을 캐는 것
황금 어족들이 모여 사는 동네가 어딜까

광부가 광맥을 찾듯 초사는 둘둘 말아둔
어군도를 펼치며 어맥漁脈을 찾아 동분서주한다.
그러나 기다리는 어군魚群들은 좀처럼
그의 모습을 쉽게 드러내려고 하지 않는다.

잔뜩 찌푸린 하늘의 눈빛, 바다는 온통
칠흑 같은 어둠뿐이고 어쩐지 오늘따라 뱃길이
심하게 절룩거리며 수심 깊숙이 촉수를 꽂고 더듬는
어군탐지기의 모니터도 희미하다

어부들의 몸속에 들어있는 바다에서 풍랑이 일고
수심 가득한 가족들의 얼굴만 물결 위에 명멸한다.
오늘도 텅 빈 어창魚艙엔 허망한 파도 자락만 싣고
뭍으로 그냥 귀항해야 한단 말인가
광부가 남길 유산은 돌덩이뿐이고
어부가 남길 유산은 파도뿐일까

出航日誌 5. 어군도魚群圖

필자는 제17회 한국 해양 문학상 대상을 받고 다음과 같은 수상소감을 밝힌바 있다 저 광대한 바다는 인간의 생존과 역사를 이루어 나가는데 없어서는 안 될 필수 불가결의 환경적 토대이며 에너지다. 따라서 인간의 무한한 욕구와 바다의 유한한 환경 사이에는 어떤 방식으로 든지 공존과 타협이 이루어지지 않으면 안 된다.

그러나 지금 몹시 고단하고 잔뜩 지쳐있는 바다는 도처에서 수난을 당하고 있다.

> – 펄펄 살아 날뛰던 바다의 오장육부/ 그 뿌리까지 무차별 벌목해낸 바로 그 자리에/ 속성 재배된 저 거대한 콘크리트 숲 속에는/ 욕망의 지느러미를 흔드는 지상의 인어들이/ 새떼처럼 모여 산다. –중략– 에이치 빔에 심장을 찔려/ 파란 피를 흘리고 있는 파도가/ 아직도 채 숨이 끊어지지 않았는지/ 갈매기처럼 간헐적으로 끼룩끼룩 울부짖고 있다. – 필자의 〈불멸의 바다 詩篇〉 "벌목" 중에서

바다는 나에게 한마디로 문학(詩) 그 자체다.

수상 통지를 받는 순간 '찡' 하는 전율과 함께 지남호를 타고 최초로 원양 바다에서 앙칼지게 몰려오는 오만한 풍랑과 직접 몸으로 싸우며 인도양에 개척정신의 혼을 뿌렸던 수부들을 생각하지 않을 수 없었다.

바다에게 경배하고, 그들에게 경배한다.

부산광역시와 (사)부산광역시문인협가 주관하는 지금의 한국해양문학제는 고 김상훈 회장 재임시 부산광역시의 지원을 받아 한국해양문학 심포지엄과 한국해양문학상을 제정하여 시행해 오던 것을 2004년 필자가 사무처장으로 근무하면서 당시 강인수 회장에게 이를 〈한국

해양문학제〉로 개칭할 것을 건의하여 오늘의 한국해양문학제가 태동되었으며 그후 정영자 회장 재임시에 행사를 대폭 확대하여 3일간 바다축제 행사와 함께 광안리 등에서 시화전 무대공연 등 그야말로 축제다운 해양문학축제를 개최하였는데 언제부터인가 당일 행사로 다시 축소 돼버려 부산문학인들로서는 안타깝기 그지 없다

적막만 투숙하는 야간 항해의 조타실은 언제나 항적의 짙은 고뇌가 주인이다 어둠의 장막에 휘감긴 바브엘만데브 해협이 이리저리 몸을 뒤척인다 칼날같이 덤비는 하얀 파도의 너울 타고 홍해를 지나 뭄바이항으로 향하는 뱃길, 오늘 밤도 필시 바람은 하이에나처럼 선체의 우현과 좌현을 무참히 물고 뜯으며 황천이 닥쳐올지도 모른다

언제 닥칠지 모르는 황천에는 안전벨트가 없다

"마스트의 태극기를 빨리 내려라,
항속을 18노트 이상으로 올리고,!"

쌍안경을 들고 있던 캡틴의 고함소리에 갑자기 선내는 긴장감이 흐른다 그렇다 바이킹의 후예를 자처하며 약탈과 탈취를 노리는 악명높은 해적들이 지금 어디선가 우리를 노려보고 있을 것이다

쉽사리 잠들지 못하는 파도의 아가리가 겨워내는 극도의 공포감에 등이 오싹해진다

한바탕 거친 해일이 휩쓸고 간 미명의 밤바다 수평선

위에 붙박여있던 별들이 하나 둘 제모습을 감추고 마파람에 물결과 물결 사이에서 피어나는 해무와 오롯이 젖어오는 뭍에 대한 그리움만 흐느적거린다

한동안 손에 땀을 쥐게 하는 긴장감 속에 수평선만 바라보며 신없이 달리다 보니 토네이도처럼 저돌적이던 피칭도 파도의 알리바이를 지우며 잠잠해지고 이제 아라비아 해에도 여명이 밝아온다

레이더의 모니터 화면엔 스쿠루가 심해의 아침잠을 깨우며 에메랄드빛 파도가 춤을 춘다

위대한 항해사는 거칠고 험난한 바다가 만드는 법

드디어 환상의 스코트라섬*이 서서히 모습을 드러내고 있다.

* 인도양에 있는 예멘령의 섬

황천荒天에는 안전벨트가 없다

북태평양 오츠크만을 떠난 제5 동진호 선수船首는 수평선을 허물고 쿠릴열도와 길게 드러누운 사할린 군도를 지나 지금 동해로 미끄러져 내려가고 있는 중이다

구름 한 점 없는 밤하늘은 팝콘 같은 별들이 수없이 반짝이고 스쿠루는 바다의 이목구비耳目口鼻와 오장육부 막장까지 뒤적이며 파도를 걷어찬다

해상의 공간을 눌러 덮은 비대한 어둠과 간헐적으로 몰려오는 세찬 바람은 광활한 대양의 따귀를 막 후려치고

숨찬 파도 속에 선악善惡이 너울지는 저 바다의 도도함은 누구도 말리지 못한다 하지만 바다는 선과 악을 통하여 언제나 우리에게 행幸과 불不의 삶을 일깨워주었다

한 치의 앞을 볼 수 없는 어둠 헤치고 파도의 발길에 수없이 걷어 차이는 선체, 지문 항법과 천문 항법을 번갈아 동원하며 정확한 투승投繩 점을 찾는 것은 오로지 항해사의 몫이다

여명이 밝아오고 밤새 바다를 향해 삿대질을 하던 바람도
이제 파도의 알리바이를 지우며 조용해진다

모비 딕 전문

〈2019년 부산일보 해양문학상 운문부 당선 대표작〉

한국해양대학과 부산일보사는 공동으로 〈부산일보 해양 문학상〉을 산문과 운문으로 나누어 작품을 공모해 왔다 동북아 해양물류 중심 도시인 부산에서 발행되는 부산일보사가 해양문학상을 공모하여 시상하는 것은 어쩌면 당연한 일인지도 모른다

필자는 2018년에 처음 응모하여 한 번 고배를 마시고 2019년 출품한"황천에는 안전벨트가 없다" 외 4편으로 운문 부문 수상작으로 선정되었다

당시 상금이 500만 원으로 신춘 문예 당선 상금보다 많은 상금이었다

지구의 70%를 차지하고 있는 바다는 인간의 생존과 역사를 이루어 나가는 데 없어서는 안 될 필수 불가결의 환경적 토대이며 에너지다 특히 우리 부산은 지정학적으로 동북아 해운 항만물류 중심 도시로서 일찍이 해양 고등학교와 한국해양대학, 그리고 부산수산대학의 후신인 부경대학을 비롯한 교육기관을 통하여 많은 해양 전문인이 배출되고있다.

따라서 조선 및 해양 플랜트 산업의 발전과 함께 무엇보다도 해양문학의 저변 확대가 중요하지 않을 수 없다. 필자가 해양 문학에 각별한 관심을 가지게 된 것도 따지고 보면 바로 이러한 환경적 요인의 영향이 클 것은 두말할 필요가 없는 것이다.

윤슬의 푸른 수평선

인쇄일 2024년 8월 10일
발행일 2024년 8월 15일

지은이 배기환
펴낸이 박철수
펴낸곳 도서출판 해암

등록번호 제325-2001-000007호
주소 부산시 중구 대청로 138번길 9 (대원빌딩 302호)
전화 051)254-2260
팩스 051)246-1895
메일 haeambook@daum.net

ISBN 978-89-6649-247-3 03810

값 13,000원

부산문화재단
BUSAN CULTURAL FOUNDATION

* 본 사업은 2024년 부산광역시 부산문화재단 (부산문화예술지원사업)으로 지원을 받았습니다.